Niels Heldvad

Astronomica conciliatio calendarii veteris ac recentis Juliani

dat js ein korte Astronomische vorgelikinge des warhafftigen thor tydt

Christi gewesenen, unde jetziger tydt gewandtliken Julianischen

Calenders, dorch Nicolaum Heldvaderum

Niels Heldvad

Astronomica conciliatio calendarii veteris ac recentis Juliani
*dat js ein korte Astronomische vorgelikinge des warhafftigen thor tydt Christi
gewesenen, unde jetziger tydt gewandtliken Julianischen Calenders, dorch
Nicolaum Heldvaderum*

ISBN/EAN: 9783744615303

Hergestellt in Europa, USA, Kanada, Australien, Japan

Cover: Foto ©ninafisch / pixelio.de

Weitere Bücher finden Sie auf **www.hansebooks.com**

ASTRONOMICA
CONCILIATIO,
CALENDARII VETERIS
AC RECENTIS IVLIANI.

Dat is /

Ein korte Astronomische vorgelikinge /
des warhafftigen thor tydt Christi gewesenen /
vnde jißger tydt gewandliken Julianischen
Calenders.

Darinne vp dat kortefte vnde Eintfoldi-
gefte / de vörnemefte Hiftorien des Olden vnde
Nyen Tefiamentes / ein jeder by finem Jahre / Mänte vnde
Dage / na vormögen / klarliken vor Ogen gefrellet / alfo vnde
der gefraldt / dat ein jeder framer (rumpantur vt ilia momis) de
gewiffe Järypdt / jßundes tho vnfen tyden / egentlick darinß
hebben mach / der Olden Geschichten Bibelfcher
Schrifft / fördrlick voruatet vnde in Druck
vorferdiget.

Dorch

NICOLAVM HELDVADE-
RVM in Agro Slefvicenfi.

Gedrücket tho Schleßwig / dorch
Nicolaum Wegener.
1 5 9 7.

Dem Dörchlüchti-

gen Hochgebaren Försten vnde Heren/
Heren Johansen dem Elderen / Gebaren van Kö-
nincklifem Stammen tho Dennemarcken / Eruen tho Nor-
wegen / Hertoch tho Schleßwig / Holstein / Stormarn vnde
der Dithmarschen / Graffen tho Oldenborch vnde
Delmenhorst / etc. Minem gnedigen Försten
vnde Heren.

Örchlüchtige / Hochgebarne / Förste/
Gnedige Here / dat Godt de Allmechtige sine ge-
weldige Daden vnde Wercke / nicht wil in vorge-
tenheit gestellet hebben / gyfft he genochsam hen vnde wedder in der Schrifft thouerstahn. Darümme he den ock
tho allen tyden / van Anuange der Werle her / besunderige Lü-
de erwecket / de dorch gewisser vnde egentlifer *Obseruation* / hebben antekenen möten / wat GOdt den Minschen böses edder
gudes thogeuöget hebbe / vp dat de Nakömelinge daruth weten
mochten / wol de jenne sy / so tho allen tyden herschet vnde rege-
ret / im Hemmel vnde vp Erden / vnde endtlick tho Erkente-
nisse des willen Gades / vnde tho Danckbarheit mochten geuö-
ret werden. Also hefft GOdt im Olden Testamente / watß
Denckwerdiges vnde Nämhafftes geschehn/ dorch sinen getrü-
wen Dener Mosen / by Jahren / Mänten / vnde Dagen / fly-
tigen anschryuen laten. Im Nyen Testamente hefft he vns den
gnedigen willen in sinem leuen Söne / dorch de Veer Euangelisten / gahr lustich vor Ogen stellen laten / dat ein jeder vor-
nufftiger / billick mit dem Königklifen Propheten David röh-

men

h/
Re-
les
nal
i

lysie/
x ge-
verau
har tes
en eat
y liu
,hel
i attes
wetten
tract
heres
yrud
cath
ttriu
, sly
y ten
anger
por
rest
wer

men vnde spreken moth: Groth syn de Wercke des HEren/
wol erer achtet/ de helft jdel Lust daran. Wat he erkenet dat
is löfflick vnde herlick/ vnd sine Gerechticheit blyfft Ewichlick.
He hefft eine gedechtenisse gestifftet siner Wunder/ de gnedige
vnde Barmhertige HEre/ Psalm. 111.

Solcker Geschichten vnde Wunderwercken vnses Gades/
hebbe ick my etliker fördilick in dessem Bökeschen thoueruaten/
na vormögen besslytiget. Vnde effte wol sodanes van velen Ge-
lerden Lüden genochsam vorhenne gedacht/ so hefft my dennoch
insunderheit tho dessem vörnemende vororsaket/ dat ick nergen
hebbe finden können/ wo men de gewisse Jahrtydt der Bibeli-
schen Historien in vnsern gewöndliken Jahrböken/ de men in
Arabischer Spraken Almanachen plecht tho nömende/ finden
vnde hebben mochte. Den jdt moth jo ein jeder der Kunst erfa-
rener bekennen/ jdt sy den dat he so wetenlick erren wil/ dat vnse Almanachen/ der Jahren/ Mänten vnde Dagen belangen-
de/ wy.h vth der lehre gekamen. Demna hebbe ick den Ein-
foltigen tho gude/ twe Calendaria neuen einander hyrher geset-
tet/ de eine vp de tydt darinne Christus geleuet vp Erden/ de
ander wo he den jtzundes/ nicht im Corrigerten Gregoriani-
schen/ so ock valsch/ sunder im Olden Julianischen/ de jtzunde
by vns gebrücklick vnde im schwange gheit. Darbeneuen ock etlike vörneme Historien Oldes vnde Nyen Testamentes ange-
tagen/ vnde dermaten vortekent/ dat men mehrendeell daruth
sehen kan/ wen desulinge geschehn vnde thogedragen.

Juwe Förstlike Gnaden öuerst hebbe ick dessen Einfoldi-
gen Arbeidt/ in aller Vnderdenicheit Dediceret vnde thoge-
schreuen/ dewyle my genochsam bewust/ dat J. F. G. vth
dem Hochlöfflichstem Christliken Könincklikem Stamme tho
Dennemarcken/ by welckem de ware Lehre des Christliken
Gelouens in allen Puncten/ Rein/ vnuorendert vnde vnuer-

A ij   uelicket

welschet gebleuen / Nicht alleine ſy gebaren / ſundern ock ſick
ſuluest / jhe vnde allewege / im Geiouen vnde Leuende vorhol-
den / alſe jdt einem Christliken / framen Förſten woll anſteit.

   Vp dat flytigest bidden / J. F. G. wolde ſick ſodane Ar-
beidt gnedichliken gefallen laten / vnde myn Gnedige Förſte
vnde Here jümmerdar ſyn vnde blyuen. De getrüwe GOdt
vnde Vader vnſes HEren JESu Christi / wolde J. F. G.
ſampt der Hertzleuesten Ehegemahlen / Junge Heren vnde
Frewlin / in allen Christliken / Förſtliken Dögeden erholden /
ſchütten / leiden vnde vören / Amen. Datum / *Ex meo vmbra-*
culo , Anno 15.97. Am Dage Gertrudis.

       J. F. G.

         in aller Vnderdenicheit.

             Nicolaus Hildvaderus.

Wo

Wo men dessen Calender recht vorstahn schal.

WIltu dessen Calender recht gebruken vnde nüttlick vor
stahn / so mustu vp desse volgende Stücke wol achtin=
ge geuen.

Thom Ersten findestu vp der einen Syde vnde ersten Bla=
de / twe Almanachen / de eine thor Linckeren Handt / vnde vp
dat Jahre darinne Christus warer Minsche hyr vp Erden ge=
leuet / gestellet vnde gerekent. De Ander thor Rechtern Handt /
na gemeiner arth / na dem itslopenden Julianischen vortekenet /
Also dat du de vorgelikinge beyder Calender allewege Ogen=
schynlick vor dy hebben kanst / vnd daruth affnemen / de gewisse
Järtydt der Geschichte / so in beyden Calenderen vortekent /
wen desuluige geschehn / vnde de gewisse Järtydt dersuluigen /
itzundt tho vnsen tyden weten mögest. Nademe de warhafftige
Julianische Calender / na lanckheit der tydt alle na gerade / sick
dermaten vth der olden Ordeninge vnde kehre gegeuen / dat ock
etlike gantze Dage vnse Calender / van dem Olden so affgewe=
ken / wo du hyr denne sehen machst. Denne na warhafftiger
Astronomischer Rekeninge / de so nicht dregen kan / is de Erste
Dach Januarij / darup Christus Beschneden worden / vp den
2 0. Decembris vorrücket / dat wen ick de gewisse Järtydt in
vnsem Calendario begere tho weten / der Beschnydinge Christi /
befinde ick desuluige am Auende Thomæ des Hilligen Apostels /
vnde so vorhan in allen Historien.

Ferner so hebbe ick dy ock tho beterer narwysinge / de Gül=
dentall / in den Olden geschreuen / daruth du alle Nye / Vulle
vnde Verndell Mänen / wo desuluige denne tho den Tyten syn
gefallen / hebben kanst / Welcker na den Hebraischen Mänschy=

A iij

nen

nen nene geringen nütticheit bringet. Vp welckeren Dach du
nu in einem jedern Mänte dine Güldentall findest / darup jo de
Nye Män thon eyden Christi gefallen.

Exempel.

Im Jahre der Geboreth Christi / welckere is gewesen na
Erscheppinge der Welt 3967. Was de Güldentall 19. Nu
gah ick thor Linckeren Handt daell im Januario / vnde befinde
19. by dem 5. Januarij / daruth ick vorneme / dat Februarius
Nye / so de Jöden *ADAR* genömet / vp den 5. Januarii fy
ingeuallen / vnde so vorban kanstu dorch alle Mänten des Jah-
res / den Nyemänschyn finden.

Tho dessem kanstu vth dem Söndages Bockstaff weten/
den Dach der Weken. Exempel: Christus is Beschneden den
1. Januarii / Anno Mundi 3968. Dar de Söndages Bockstaff gewesen C. Telle demna van dem C. an / vnde sprcke C.
Söndach/ D. Mändach/ E. Dingeßdach / F. Middewcken/
G. Dönnerdach/ A. Frydach. Daruth ick schlute / dat Christus am Frydage sy Beschneden / vnde JEsus genömet worden.

Merck: Im Jahre darinne Christus gebaren / was de
Güldentall 19. Sünnen Circkel 8. Söndages Bockstaff D.
Twisschen Wynachten vnde Vastelauendt 9. Weken 3.
Dage.

Im Anderen Jahre darinne Christus Beschneden wart/
ock im Tempel geoffert / is de Güldentoll gewesen 1. Sünnen
Circkel 9. Söndages Bockstaff C. Twisschen Wynachten
vnde Vastelauendt 8. Weken vnde 2. Dage.

Im 31. Jahre darinne Christus sine Predige / na der
Döpe Johannis mit Wunderwercken hefft angefangen itho
bestetigen / is de Güldentall gewesen 12. Sünnen Circkel 11.
Söndag-

Söndages Bockstaff A. Twisschen Wynachten vnde Vaste-
lauenend 8. Weken.

Jm 32. Jahre / de Güldentall 13. Sünnen Cirkel 12.
Söndages Bockstaff G. Twisschen Wynachten vnde Vastelauendt 5. Weken 6. Dage.

Jm 33. Gülden Tall 14. Sünnen Circkel 13. Söndages Bockstaff F. E. den jdt was ein Schalt Jahr / Twisschen
Wynachten vnde Vastelauende 8. Weken 4. Dage.

Jm 34. Gülden Tall 15. Sünnen Circkel 14. Söndages Bockstaff D. Twisschen Wynachten vnde Vastelauendt
7. Weken 3. Dage / etc.

Vp dem Anderen Blade thor Rechteren Handt / heffstu
fördtl ck angeteken t / te Historien des Leuendes vnses HEren
vnde Heylandes JEsu Christi / van syner entfenckniß vnde Ge-
bort an / beth tho synem bittern Lydende / vperstandinge vnde
Hemmelfahrt / in Jahren / Maenten / vnde Dagen / so wydt
vnde verne de veer Euangelisten dersüluigen gedencken / Vnde
darbeneffenst thor rechtern handt am Rande / beyde Calenda-
rien / olden vnde jtzlopenden / gerade by einander daelwerts vör-
tekenet. Vnde so veele van der erkleringe dysses jümmerweren-
den Christ Calenders. Vnde wil hyrmit dem gutherßigen Le-
ser / Gade befahlen hebben.

IN ZOILVM.

Pfhu drulle dy / packe dy spötter Oge /
Vp dy gehöret Hellisch Für vnd Loge /
Vp Godt ick trüwe / de my erhelt /
Vor allen Vienden disser Welt.

SEBAT

SEBAT. IANVARIVS. Harbemân.

Gülden Tall.	Ole Cal.	Historien des Olden Testamentes.	Ypc Cal.	Festage der Christen.
	1 A	An dem Ersten disses Mântes	20 b	DECEMB.
III.	2 B	wert de Vorfruchtbare Sara Abra	21 e	Thomas Apost
XI.	3 C	hams fruchtbar/ vnd geberde Isaac.	22 f	
	4 D	Vnde Godt straffet Sodoma vnd	23 g	
XIX.	5 E	Gomorra / etc. Mit Vûe, Genesis	24 a	
VIII.	6 F	18. 19. Anno Mundi 2047.	25 b	Christdach
XVI.	7 G	Am suluigen Ersten Dage hefft	26 c	Stephanus
V.	8 A	Noha in der Sundfloot i de Spitzen	27 d	Joh. Apost
	9 B	der Berge gesehen / vnde de Arca	28 e	Vnsabl. Kind
II.	10 C	sick neddergelaten vp dem Berg.	29 f	Thomas Bisc.
X.	11 D	Ararath, Genesis 8. Anno Mund	30 g	
XIII.	12 E	1658.	31 a	Siluest. Paust.
	13 F	Am 10. Dage disses Mântes	1 A	IANVAR.
	14 G	hefft Nebucadnezar angefangen Ju	2 b	
XVIII.		ocam tho bekrygen / vnde Jerusa	3 c	
	15 A	lem belagert 18. Mânte / daruan liß	4 d	
VI.	16 B	Josephum / lib. 10. Capit. 10. 4.		
		Reg. 25.		
	17 C	Den 14. Dach disses Mântes	5 e	
	18 D	SEBAT, hefft Ezeauel gewyssa	6 f	Dre Könige
XV.	19 E	get / dat Nebucadnezar scholde Egy	7 g	
III.	20 F	pten vorwêsten / Ezechiel 29. Anno	8 a	
		Mundi 3375.		
	21 G	Den 24. Repeteert vnde vor	9 b	
XII.	22 A	klaret Moses dat gantze Gesette vor	10 c	☉ in ♒
I.	23 B	den Israhelitern Deut. 1. Anno	11 d	Fygirus Paust
	24	Mundi 2449. Nicht lange vor si	12 e	
IX.	25 D	nem Dootliken affgange vch disse	13 f	
XVII.	26 E	Werlt / vnde bewyset darmede sich	14 g	Silarius Se.
	27 F	einen trüwen Dener des HERR	15 a	
	28 G	vnsers Gades,	16 b	
VI.	29 A		17 c	Anthonius
	30 B		18 t	
XII.	31 C		19 d	

Hefft

JEſu Leuendes Hiſtoria.

♄ 1.	♃ 2.	♂ 30.	☉ 31.	☿ 32.	♀ 33	☽ 34		

Ans er=
ſten Dag,
deſſes
Mantes/
is Chri=
ſtus beſne=
den, vnde
Jeſus ge=
naemet
worden/
Luc. 1.
Den 6.
Februa.
hebben de
wyſen vth
Morgen=
lande dem
Kinde Je=
ſu Goldt
Wirock
vnd Mir=
rhen ge=
offert.
Jn diſſen
Dagen/
heſſt He=
rodes de
Vnſchul=
digen
Kinder
laten dö=
den.

Chriſtus / dewyle he noch nicht 30. Jahr Oldt geworden / dat eme tho laten nicht angeſtaen / waruet 4. tha dem Geſetze / helt noch ſtille. M. £. p.

Den 6
Janua. is
Chriſtus
van Jo=
hanne im
Jordan
gedöfft
worden/
Math. 3.

Vnd dar
na alſo bal=
de vam
Gaſte in
de Wöſte=
nye gevö=
ret, dar he
vam Diu=
uel verſo=
cht wart/
Math. 4.
Luc. 4.

CHRiſtus
heſſt in diſſer
Dagen dat 6.
Capit. Eſaia
erkleret / tho
Nazareth in
ſinem Vader=
lande / am
Sabath.Luc.
4. Math. 4.

Darna heſſt
he einen Dü=
uel vthgedre=
uen/ vnde S.
Petri Fruwen
Moder vam
Feber verlö=
ſet.

Dede vele
Teken vnde
Wunderwer=
de / des Ne=
geſten dages
darna is he
rothgegân in
der Wöſtenie
tho morgens,
Math. 4. 8.
Marci 1.
Lucæ 4.

Chriſtus Prediget im Gallileſchen Lande diſſe Mane / Math. 14

Chriſtus tho De=
thabora vp jenſidt
Jordan / lehret ſi=
ne Jüngern beden,
Johan. 10. Lucx
2.

Vnde idt lepen
vele Duſendt Min=
ſchen tho hörende
eine Schöne Pre=
dige van eme. Lu=
cæ 12. 13.

Vnde he makede
eine Frowe geſundt
de 18. Jahr vam
Sathan gebunden
geweſen / Lucæ
13.

Jnn diſſen Da=
gen heſſt de HEre
Chriſtus geweldich=
liken dorch geheke=
niſſen geprediget.

Querſt Herodes.
ſo ſick domals vp
dem Schlate Ma=
cheruth vorhelt/
ſtundt eme na dem
Leuende. Do Je=
ſus dath merckede/
is he ſine entwefen
Lucæ 15.

	Jye.Dle
1	20
2	21
3	22
4	23
5	24
6	25
7	26
8	27
9	28
10	29
11	30
12	31
13	1
14	2
15	3
16	4
17	5
18	6
19	7
20	8
21	9
22	10
23	11
24	12
25	13
26	14
27	15
28	16
29	17
30	18
31	19

Auguſtus Keyſer leth den Tempel Jani tho Rom thoſchluten.

♉

ADAR

ADAR. FEBRVÁRIVS. Hörninck.

Gülden Tall.	Olde Cal.	Historien des Olden Testamentes.	Nye Cal.	Festdage der Christen.
	1 D	Den 3. Dach disses Mântes/ bidder	20 f	Sabin. Sebast.
III.	2 E	Michael Ertzengel / dat Godt wolde	21 g	Agnes Junckf.
XI.	3 F	der Jöden vorschonen / vnd tho gna-	22 a	Vincentius.
XIX.	4 G	den annennen / etc. Zach. 1. Anno	23 b	
		Mundi 3491.		
	5 A	Den 3. Feb. hefft ock Noha ei-	24 c	Timotheus.
VIII.	6 B	nen Rauen vnde Duuen laten vthflei-	25 d	Pauli Beker.
XVI.	7 C	gen / Gen. 8.	26 e	
	8 D	Ezechiel wyssaget auermâl wed-	27 f	Johan. Chriso.
V.	9 E	der Egypten / dat Nebucadnezar dat	28 g	Slötel der
	10 F	Landt schal vorstören / 10. Februa.	29 a	40. Dage.
XIII.	11 G	Ezech. 23.	30 b	
II.	12 A	Den 13. Leth Noha de ander	31 c	
		Duue vthflegen / de quam wedder		
X.	13 B	mit einem Olyebladt im Munde.	1 b	FEBRVAR.
	14 C	Den 20. Hefft Noha / de dröd-	2 c	Mariæ Licht.
	15 D	de Duue laten vthflegen / de quam	3 f	
XVII.	16 E	nicht wedder.	4 g	
VII.	17 F	Den 23. Hefft Judas Macha-	5 a	S. Agatha.
XV.	18 G	beus Nicanorem den Försten Deme-	6 b	Dorothea.
IIII.	19 A	tri geschlagen / vnde sinen Kop vnde	7 c	
	20 B	Hende mit sick na Jerusalem gevöret	8 b	
		oarsülwest vpgehenget / 1. Mach. 7.		
XII.	21 C	2. Machab. 15. Joseph. lib. 12. An-	9 e	Apelonia.
	22 D	no Mundi 3803.	10 f	Scholastica.
I.	23 E	Den 27. Is de Tempel tho Je-	11 g	
	24 F	rusalem vorferdiget / na dem Babi-	12 b	
IX.	25 G	lonischen Gefenckenisse / vnde inge-	13 b	
XVII.	26 A	wybet / Esdra 6. Anno Mundi /	14 c	
	27 B	3445.	15 b	
VI.	28 C	Moses starff vp dem Berge Ne-	16 e	Juliana.
		bo / sines Olders 120. Jahr. Anno		
		Mundi 2494. Deut. 34.		

Hefft

JEsu Leuendes Historia.

1.	2.	3 1.	3 2.	3 3.	3 4.	Olbe	Lyr.

		Christus vorhelt sick in der Wösten mit Vasten vnde Beden/ 40. Dage vnde 40. Nacht.	Christus helt Visitation in Galilea / Prediget vnde helet allerleye Kranckheide/ darmit de Lüde beladen weren/ Math. 4.		In dessem Mânte reyset Christus vmmeher in Galilea / maket am Sabbath einen Watersuchtigen gesundt / Luc. 14.	1	10
						2	11
						3	12
						4	13
						5	14
						6	15
	Im 2. Dage Febr. Maria Kônigung / Lanstid 12. Luc. 2.	Ungefehr vmme den 14. Februarij hefft de Düuel Christum hefftich angefochten/ Mat. 4. Marci. 1. Luc 4. Jesus keret weddervmme vth der Wösten/ vnde rouwet etlike Dage na der Vorsôkinge. Mowlerwyle sendet de Jôden van Jerusalem/ tho er/ forschen effte Johannes etwan Christus sy. Vnde do se weddder heim keerden/ rühet Johan. Jesum tho Bethabora vnde sprickt: Süthe dat Lam Gades / so der Werlt Sünde drecht / Johan. 1.			Prediget den Bothuerdigen Sündern vnde Tôlnern/ vam vorlaren Sône / Schaepe / vnde Groschen / Luc. 15.	7	16
						8	17
						9	18
						10	19
						11	20
Unde is groth Frede an vaderland/ Alle Joye hefft				De 12. van Christo affgefardigede Apostel predigen in Judea vn Galilea Christi.	In dissen Dagen / vortellet he de Gelikenisse vam Ungerechten Hußholder. Desßgeliken ock vam Ryken Manne / vnde Armen Lazaro / Luc. 16.	12	1
						13	2
						14	3
						15	4
						16	5
						17	6
						18	7
					Item / De Predige / so Lucas am 17. beschrifft.	19	8
			In dissen Dagen hefft Christus Mattheum vth der Tolleboden tho sick beropen / den he fort na Ostern tho einem Apostel maket de / Luc. 6.		Am Ende disses Mântes / hefft he in der Reyse midden dorch Samariam vnde Galileam / 10. Uthsettische Menner gereiniget / Vnde de Gelikenisse vam Ungerechten Richter / Desßgeliken vam Pharisee vnde Tôlner vortellet / Luc. 17, 18.	20	9
						21	10
						22	11
						23	12
						24	13
						25	14
						26	14
						27	15
						28	16

Gülden Tall.	Olde Cal.	Historien des Olden Testamentes.	Nye Cal.		Festdage der Christen.
XIIII.	1	D	Am 4. Dage Martÿ / welcken	17	f	Constantixvnd
III.	2	E	de Jöden NISAN nömen, Hadde	18	g	Concordie.
XI.	3	F	Haman angestifftet dat alle Jöden	19	a	
	4	G	dorch alle Provincien scholden er-	20	b	
XIX.	5	A	wörget syn worden. Querst GOt	21	c	
VIII.	6	B	schicket jdt dat Haman wert suluest	22	d	Petrus Stolf.
XVI.	7	C	an dem Bohme / so he Mardocheo	23	e	
	8	D	gemaket / gehenget / vnde de Jöden	24	f	
	9	E	erwörgen suluest ere Fiende / 75000.	25	g	
V.	10	F	Man / Anno Mundi 3557.	26	a	
	11	G	Thor Gedechtenisse holden de	27	b	
XIII.	12	A	Jöden Jejuntum Ester / Item pu-	28	c	Romanus.
			rim / dat is Loth. Ester 9. Hüdi-			
II.	13	B	ges Dages holden de Jöden Vaste-	1	d	MARTIVS.
	14	C	lauendt.	2	e	
X.	15	D	Den 17. Martÿ / hebben de Rö-	3	f	
	16	E	mer Jårlick eren Vastelauendt/ Bac-	4	g	Adrianus.
XVIII.	17	F	chanalia geholden.	5	a	
VII.	18	G	Des 23. Martÿ / is Adam de	6	b	
	19	A	Erste Minsche geschapen worden.	7	c	
XV.	20	B	Cain wörget sinen Broder A-	8	d	
			bel. Abraham wil sinen Sône Jsaac			
IIII.	21	C	offeren an dissem Dage. Abraham	9	e	
	22	D	is ock an dissem Dage entlick gestor-	10	f	☉ in Y.
XII.	23	E	uen. Joseph is van sinen Bröderen	11	g	
	24	F	in Egypten vorköfft / an dissem Da-	12	a	Gregorius.
			ge.			
I.	25	G	Den 27. Is Joachim Röninck	13	b	
	26	A	in Juda vth der Gefenckenisse gela-	14	c	
IX.	27	B	ten. Regum vltimo, Anno Mun-	15	d	
XVII.	28	C	di 3401.	16	e	
VI.	29	D		17	f	Gertrudis,
XI.II.	30	E		18	g	
	31	F		19	a	

Hefft

JEſu Leuendes Hiſtoria.

1.	31.	32.	33.	34.	Olde	Nyes
	Jn diſſen Dagen heſſt Chriſtus/ Petrum/ Andrea͂ vnde Philippum/ tho Jüngeen angenamen.	De HERE dꝛelt noch Viſitation in Galilea vnde vele Volckes vol/ get eme na/ Math. 4.	De Jun ger des Heren Chriſti predigen/ vnde dohn grote wun derwercke/ Marci 6.	Darna toch he in de Grentzen des Jödiſchen Landes/ vnde heleth vele Volckes/ Math. 19. Marci 10.	1	17
					2	18
					3	19
					4	20
				Vnde de Phariſeer fragen/ eſſte idt recht ſy / ſick van ſiner Frouwen tho ſcheiden / Math. 19.	5	21
	Vnde Reyſet mit enen na Cana vp der Hochtydt maket darſulueſt ſyn Erſte wunderwerck Johan 2.	Jn deſſen Dagen toech JEſus henſalem/ Joh. 5.	Marci 6. Luc. 9.		6	22
					7	23
					8	24
				Vnde ſe brachten Kinder tho JEſu / vnde he ſegende ſe / Math. 19. Marci 10.	9	25
					10	26
			Herodes leth Johan nem Enthö/		11	27
	Na der Hochwydt reyſet he mit ſiner Moder vnd Jüngern na Caperna um vnd blyff darſulueſt etlike dage Joh. 2.	Den 25. dach diſſes Maͤn tes/ heſſt Jeſus vngeſehr dat Oſterlam gegeten.	14. Mar. 6. Luc. 9. Joh. 6.	Den 23. Reyſet JEſus van Bethabora na Jericho. Math. 19. 20. Luc. 19.	12	28
					13	1
				Den 24. Makede he twe Blinden ſehende / forth vor ſinem Dode.	14	2
					15	3
					16	4
				Den 25. Heſſt he Lazarum vpgewecket.	17	5
					18	6
		Den 29. helden de Jöden eran Paſchen.	Vnd do dat Gerüchte van JEſu vor Hero/ de quam / meinde he Johannes were er/ ſtanden / Math. 14. Luc. 9.		19	7
				Denn 26. Vorberget he ſick by Effrem / Johan. 11.	20	8
					21	9
		Den leſten Martij / heſſt JEſus einen Minſchen tho Jeruſalem geſundt ge maket / de 38. Jahr hadde kranck gele gen/ Joh. 5.		Den 27. Helt he Auendt mael mit Martha tho Be/ thania.	22	10
	1. 2. Vinme diſſe tidt reiſet Jeſus na Jeruſalem thom Oſterfeſt vnde deiſſt de ES per vnd vorkö per thom tem pel henuth.				23	11
					24	12
				Denn 28. Rouwet he am Sabbath.	25	13
					26	14
				Den 29. Js he tho Jeru ſalem ingereden / Math. 21.	27	15
					28	16
				Den 29. Vorſlöſet he einen Sygenbohm.	29	17
					30	18
				Den 31. Heſſt he beſſlich Diſputeret tho Jeruſalem / Math. 21. 22. 23.	31	19

Gülden Tall.	Olde Cal.	Historien des Olden Testamentes.	Nye Cal.	Festdage der Christen.
III.	1 G	Den 3. Aprilis / Hefft Moses in	10 b	Martius.
	2 A	der Wöstenye den Tabernakel upge-	11 c	Benedict. Apt.
XI.	3 B	richtet / Exodi vltimo/ Anno Mundi	12 d	
XIX.	4 C	2455. ante Natum Christum/1508.	13 e	
VIII.	5 D	Den 10. Hefft Aaron geoffert/	14 f	
	6 E	vnde Vår quam vam Hemmel / vnd.	15 g	Mariæ vork.
XVI.	7 F	vortehrede dat Offer. Vnde Nadab	16 a	
V.	8 G	vnde Abihu de Söne Aarons / wur	17 b	
	9 A	den dorch Vår vam Hemmel vor	18 c	
	10 B	brandt / also dat se störuen / Leuit.9	19 d	
XIII.	11 C	10. Anno Mundi 2455.	20 e	
	12 D	Den 11. April / Hefft Josua dorch	21 f	
II.	13 E	Gades beuehl / dath gantze Volck	1 g	APRILIS.
X.	14 F	Jsrael by Jericho beschneden / Na	2 a	
	15 G	deme dat Nemandt erer in 40. Jah-	3 b	
XVIII.	16 A	ren beschneden was / Josuæ 5. An-	4 c	Ambrosi. Bif.
	17 B	no Mundi 2494.	5 d	
VII.	18 C	Den 14. Hebben de Jöden Pa-	6 e	
XV.	19 D	scha geholden in Egypten / Anno	7 f	
IIII.	20 E	Mundi 2454.	8 g	
	21 F	In der Wöstenye by dem Ber-	9 a	Cletus.
XII.	22 G	ge Sina / Anno Mundi 2455.	10 b	
	23 A	Im Lager vor Jericho / Anno	11 c	☉ in ♉
I.	24 B	Mundi 2494. Exodi 12. Numeri	12 d	
	25 C	9. Josuæ 5.	13 e	
IX.	26 D	Den 15. Hefft Moses den Kin-	14 f	Domicianus.
XVII.	27 E	dern Jsrael 600000. Man vth	15 g	
VI.	28 F	Egypten geuöret / ane Wyff vnde	16 a	
		Kinder / Anno Mundi 2454.		
		Den 19. Syn se dröges Vothes		
XIIII.	29 G	dorch dat Rode Mehr gegangen.	17 b	Valerianus.
	30 A	Den 29. Syn se dröges Vothes	18 c	
		dorch den Jordan gegangen / in dem		
		Jahre darin Moses gestoruen.		

Hefft

JEsu Leuendes Historia.

1.	12.	31.	32.	33.	34.	⊙☽Dage

	31.	32.	33.	34.	
Den 5. April vp einen Dinxdach/ Leere Jesus tho Jerusalem im Tempel/Luc. 2.	Vnd prediget dar/ suluest/ Johan. 2. Den 6. dach April was Oste̅ren/ vnde vele Jo̅den geld/ neuen an en/ Joh. 2. Nicht lange na Paschen/ is Nicode̅mus tho Christo by Nacht/ tyden ge kamen/ vnde eine schöne Pre̅dige gehö̅ret/ Joh. 3.	Christus wandert borch dath Getrede am Sab̅bath/ sine Jün̅ger nemen Aren oth / Lucæ 6. Mat.12. Mar. 2. Den 7. April/ hefft Jesus eine vordörrede Handt gehelet/ Luc. 6. De Phariseer mit Herodis De̅ner / stellen eine na / He öuerst wicket an dath Meer / deit Te̅ken vnd wunder/ Math. 12. Mar. 2. Umme disse tydt erwelet he 12. Apostel / vnde deit eine Predige, Luce 6. Math. 5. 6. 7. Vnde reini̅tschen/ Vnd ma̅ket des Köninges Knecht tho Ca̅pernaum gesunt/ darna wicket he in de Wöstenye/ Luc. 5.	Do nu de vthge̅sandte Apostelen den Dodt Johan̅is eruören/ ma̅leuen se sick wed̅ der tho JEsu. Jer geuen sick ock de Jünger Jo̅hannis tho Christo Math. 14. Marci 6. Luc. 9. Bort vor Pa̅schen / so den 13. Aprilis geholden/ spyset Christus 5000. Man. Wandert vp dem Meere/ vnde Prediget tho Ca̅pernaum/ Math. 14. Marci 6. Luc. 9. Joh. 6. Na Osteren toch he in Galileam/ dewyle de Jöden eme nastelleden/ Swerst de Pharī̅seer volgeden eme vnde Disputere̅ den mit eme/ Johan. 7.	Den 1. Aprilis wert Christus gesaluet / Math. 26. Mar. 14. Den 2. geit Petrus vnde Johannes tho bereiden dat Oster̅lam / Luc. 22. Den 3. Aprilis is Christus gecrü̅niget/ gestoruen vnde be̅grauen/ Johan. 19. Den 4. Rouwet he im Graue. Den 5. steit he wed̅der vain Dode vp/ Math. 28. Den 12. Aprilis/ so Christus Thomæ vnde den Apostelen erschenen/ Joh. 20. Darna hefft he sick den Jüngern geopen̅baret in Galilea am Meere Tiberias/ Johan. 21. He is ock darna ge̅sehn worden in Gali̅lea / mehr den van 500. Brödern/ vp ein mål/ vp dem Hil̅ligen Berge Thabor/ Math. 28. 1. Cor̅rinth. 15.	

Right margin day numbers:

	⊙	☽
	1	20
	2	21
	3	22
	4	23
	5	24
	6	25
	7	26
	8	27
	9	28
	10	29
	11	30
	12	31
	13	1
	14	2
	15	3
	16	4
	17	5
	18	6
	19	7
	20	8
	21	9
	22	10
	23	11
	24	12
	25	13
	26	14
	27	15
	28	16
	29	17
	30	18

SIVAN

SIVAN. MAIVS. Meymån.

Gülden Tall.	Olde Cal.	Historien des Olden Testamentes.	Nye Cal.	Festdage der Christen.
III.	1 B	Hiericho de Stadt Jensidt des	9 d	APRIL.
	2 C	Jordans / wert gewunnen vnde mit	10 e	
XI.	3 D	allem vorbannet vnde vorbrandt	11 f	
XIX.	4 E	Den 10. Maji. Jos. 7. Anno Mun	12 g	
VIII.	5 F	di 2494.	13 a	Georgius Rid.
XVI.	6 G	Am suluigen Dage hebben de	14 b	
V.	7 A	Jöden eine grothe Nedderlage van	15 c	Marc. Euang.
	8 B	den Philisteen erleden / vnde de Pre-	16 d	
	9 C	ster Elj fill Rügelinck vam Stole	17 e	
XIII.	10 D	vnde brack den Halß in twey / 1. Sa-	18 f	
	11 E	muel. 4.	19 g	
II.	12 F	Den 12. Maji / hefft Köninck	20 a	
	13 G	Ezechias Paschen geholden / Nade-	1 b	Maius philip.
X.	14 A	me sine Vorfaren so Affgödisch we-	2 c	vnde Jacob.
	15 B	ren dat G. st lange tydt nicht gehol-	3 d	✝ Erfindung.
XVIII.	16 C	ten. 2. Patalip. 30. Anno Mundi /	4 e	
	17 D	3226.	5 f	
VII.	18 E	Den 16. Maji / hefft Godt erst-	6 g	
XV.	19 F	lick den Kinderen van Israel in der	7 a	
IIII.	20 G	Wöstenye Manna vam Hemmel Re-	8 b	
XII.	21 A	genen laten / welckes 40. Jahre ge-	9 c	
I.	22 B	wahret. Exodi 16.	10 d	
	23 C	Den 17. Maji / is Noha sulff	11 e	☉ in ♊.
IX.	24 D	Achte in de Arcken gegangen / vnde	12 f	
	25 E	de Sundfloth sick erhauen. Gen. 7.	13 g	
XVII.	26 F	Anno Mundi 1657.	14 a	
VI.	27 G	Des Negesten Jahrs darna / is	15 b	
XIIII.	28 A	he wedder vthgangen / den 27. Maji	16 c	
	29 B	Gene. 8. 9.	17 d	
III.	30 C	Den 25. Maji / hefft GOdt de	18 e	
	31 D	Kinder Israel mit Wachtelen gespy-	19 f	
		set / vnde ere Vndanckbarheit mith		
		Vür vam Hemmel gestraffet. Num.		
		11. Anno Mundi 2455.		

Hefft

JEsu Leuendes Historia.

31.	32.	33.	34.	
	JEsus tüth wedder oth Galilea na Jeru salem / thom Pingst fest / vnde erwecket der Wedewen Sône tho Nahin / in der Grentzen Samarien/ Luc. 7.	Christus entweck in de Grentzen Tyri vnde Sydon / vnde maket carsuluest der Cananeischen Frou wen Dochter / vam Sathan leddich / Math. 15. Mar. 7.	Christus is geschn worden van Jaco oo vnde den Apo stelen/ 1. Corinth. 15. Den he leth sick sehn 40. Dage na siner Vpstandinge/ vnde cedede mith enen vam Ryke Gades/ Actorum 1.	1 19 / 2 20 / 3 21 / 4 22 / 5 23 / 6 24 / 7 25 / 8 26 / 9 27 / 10 28
	Den 15. vnde 16. Helt de HEre Chri stus Pingesten.

In dissen Dagen hefft Johannes in der Gefenckenisse de Wercke Christi er faren / Luc. 7. Math. 11.

Vnde hefft sine Jüngeren tho Chri sto gesandt.

In dissen Dagen/ hefft Christus dath fründelke / Namet her tho my/ vthge ropen / dar vp ein Bothferdige Sün derinne de Vöthe Christi mit Tranen genettet / Luc. 7. | Vnde alse he wed der vth quam / hefft ge vp yensijd des Ga lileischen Meeres/ ei nen Douen vnde Stummen Minschen geholpen / vnde ve le Wunderteken ge dahn/ Mar. 7. Math. 15.

Darsuluest hefft he ock 4000. Minschen gespyset/ mit 7. Brode.

Dar na vohr he auer Meere / in de Grentzen Magdala/ vnd van dar na Beth sayda/ darsuluest ma ckede he einen Blin den Minschen sehn de / Math. 15. 16. Marci 8. | Den 14. Mai is he tho Hemmel ge faren / vnde sittet tho der Rechteren Handt Gades/ Marci 16.

Balde darna is Matthias an Judce stede thom Apostel Ampte beropen/ Actorum 1.

Den 24. Mai / is de Hillige Geist auer de Apostelen gekamen/ vnde hefft enen allerley Spra ke gelehret/ Acto rum 2. | 11 29 / 12 30 / 13 1 / 14 2 / 15 3 / 16 4 / 17 5 / 18 6 / 19 7 / 20 8 / 21 9 / 22 10 / 23 11 / 24 12 / 25 13 / 26 14 / 27 15 / 28 16 / 29 17 / 30 18 / 31 19 |

Christus helt Gommeriga tho Jerusalem / vnde predigst darsuluest.

Gülden Tall.	Olde Cal.		Historien des Olden Testamentes.	Nye Cal.		Festdage der Christen.
XI.	1	E	Simon Maccabeus belagert de	20	g	Maius.
XIX.	2	F	Stadt Gaza/ vnde de Borch Jerusa	21	a	
VII.	3	G	lem/ den 3. Junij / 1. Macha. 13.	22	b	
XVI.	4	A	Anno Mundi 3527.	23	c	
			Den 5. Junij / Hefft Moses 12.	24	d	
V.	5	B	Mans vthgeschicket / dat Landt Ca	25	e	Vrbanus.
	6	C	naan thobesehn / Num. 3.			
	7	D	Den 13. Hefft Moses de Kinder	26	f	
	8	E	Jsrael an den Berch Sinai geworet/	27	g	
XIII.	9	F	Exodi 19.	28	a	
	10	G	Darne quam GOdt mit groter	29	b	
II.	11	A	macht vnde grwlikem Dönnerende/	30	c	
X.	12	B	Den 15. Junij / vnde gaff dat Gese	31	d	
	13	C	te / An welckem Dage de Jöden noch	1	e	IVNIVS.
XVIII.	14	D	hödiges Dages holden thor gedecht/	2	f	
VII.	15	E	nisse eren Pingesten / vnde lehren dar	3	g	
	16	F	an Honnich vnde Sygen/ Exodi 19.	4	a	
			20. Anno Mundi 2454. ante Chri			
XV.	17	G	stum 1509.	5	b	
IIII.	18	A	Den 16. Hefft Godt de HEre sick	6	c	
	19	B	sehn laten / van Mose vnde Aaron/	7	d	
XII.	20	C	Nadab / vnde Abihu / vnde den 70.	8	e	Medardus.
I.	21	D	Olvesten / Exodi 24.	9	f	
	22	E	Den 17. Stech Moses mit Josua	10	g	
IX.	23	F	alleine vp den Berch / vnde bleff all.	11	a	
XVII.	24	G	dar 40. Dage vnde Nacht/ vnde hefft	12	b	
			Moses darsulueft geleret de vthwen			
	25	A	dige Ceremonien des Gadesdenstes	13	c	☉ in ♋.
VI.	26	B	anthorichten / Welckere by den Jö	14	d	
XIIII.	27	C	den sint geholden worden/ beth vp	15	e	Vitus.
	28	D	Christum. Exodi 24. De Jöden	16	f	
III.	29	E	spreken he hebbe mit den Engelen	17	g	
	30	F	gestreden / wegen des Gesettes.	18	a	

Hefft

JEsu Leuendes Historia.

1.	31.	32.	33.	34.	Olde	Nye

| Johannes Döper geboren den 24. Junii / Luce 1. | Christus helt Commerlager tho Jerusalem / vnde Lerer darsüluest. | Jm Anfange disses Mâns / is Christus in Galilea rümmeher getagen / vnde is Maria Magdalena / Johanna / Susanna / neuenst andern hillgen Frouwen / eme nagefolget / Luc. 8. Vnde alse he wedderümme tho Huß na Capernaum gekamen / hefft he darsuluest einen Dûuel vthgedreuen dorch den finger Gades / Marci 3. Math. 12. Luce 11. Darna hefft he am Meere dorch Gelikenissen gepredget / Math. 13. Mar. 4. Luce 8. Je des Nachtes auer Meere geschepet / hefft Windt vnde Meere bedrouwet / Mar. 4. Math. 8. Volgendes Dages hefft he twe Dûuel vthgedreuen / Math. 8. Mar. 4. Luc. 8. | Den 2. Junii hebben de Joden Pingesten geholden. Na dem Pingesten is JEsus mit sinen Jüngern in de meerside der Stadt Cesaree Philippi gereyset / Math. 16. Marci 8. Luce 9. Petrus deith eine schöne Bekentenisse van Christo. Vnde auer 8. Dage is Christus vorklaret op dem Berge Thabor. Des Negesten Dages darna / hefft he einen Dûuel vthgedreuen / Math. 17. Marci 9. Luce 9. | De Jünger bleuen bestendich in der Apostel Lehre vnde im Brodt brekende / dat is: In vthdelinge des Hochwerdigen Altars Sacramente / Acto: rum am 2. Vnde se gingen vth / vnde Predigeden an allen enden / Vnde GODt werckede mit enen dorch nafolgende Teken. | 1 2 3 4 5 6 7 8 9 10 11 12 13 14 15 16 17 18 19 20 21 22 23 24 25 26 27 28 29 30 | 10 11 12 13 14 15 16 17 18 19 30 31 1 2 3 4 5 6 7 8 9 10 11 12 13 14 15 16 17 18 |

Gülden Tall.	Olde Cal.	Historien des Olden Testamentes.	Nye Cal.	Festdage der Christen.
XI.	1 G	De Propheta Jeremias / so van	19 b	Iunius.
XIX.	2 A	dem Godtlosen Prestervldt / dem	20 c	
VIII.	3 B	Röninge Sedechia gefencklick inge	21 d	
XVI.	4 C	tagen / wert den 9. Julij loß gege	22 e	
	5 D	uen / Vnde Sedechias van den Assy		
V.	6 E	rieren vorjaget / sine Söne vnd Hö	23 f	
	7 F	uer Lüde vormordet / vnde he suluest	24 g	Johan. Döper.
XIII.	8 G	nademe eme de Ogen vthgesteken/	25 a	
	9 A	starff in der Gefencknisse jammerli	26 b	
II.	10 B	ken / Jeremie 39. 4. Reg. vltimo.	27 c	
X.	11 C	Den 16. Hebben de Jöden an	28 d	
	12 D	der stede Gades ein Gegaten Kalff	29 e	Peter Paul.
		angebedet / Exodi 32.	30 f	
XVIII.	13 E	Den 17. Quam Moses vam Ber	1 g	IVLIVS.
VII.	14 F	ge / vnde thobrack de Steinerne Ta	2 a	Marix helm.
	15 G	fel / do he dat Güldene Kalff an	3 b	
XV.	16 A	sichtich wart / Exodi 32.	4 c	
		An dissem Dage sint ock de Kundt		
IIII.	17 B	schoppers van Mose vthgesandt /	5 d	
	18 C	wedderümme gekamen / Num. 14.	6 e	
XII.	19 D	Anno Mundi 2455.	7 f	
I.	20 E	Am sulvigen Dage hefft Nebu	8 g	
	21 F	cadnezar ock angefangen Jerusalem	9 a	
IX.	22 G	tho bekrygen/ Anno Mundi 3375.	10 b	
XVII.	23 A	Van dissem Dage an beth vp	11 c	
	24 B	den 9. Augusti / Ethen de Jöden	12 d	
		neen Flesch / vnde Drincken nenen		
VI.	25 C	Wyn.	13 e	☉ in ♌.
XIIII.	26 D	Den 18. Erhelt Moses mit sinem	14 f	Etlike Lüde
	27 E	Gebedt dat gantze Volck Israel / so	15 g	meinen Godt
III.	28 F	Godt wolde vordelgen / Exodi 32.	16 a	hebbe vmme
		Den 31. Is Aaron gestoruen / si		
XI.	29 G	nes Olders 123. Jahr. Anno Mundi	17 b	disse tydt Jars
XIX.	30 A	2439.	18 c	de Werlt ge
VIII.	31 B		19 d	schapen.

Hefft

JEsu Leuendes Historia.

16.	32.	33.		
Johannes wert besch/ neden/ vnde Maria gheit auermals auer dath Geberchte/ vnde keret wedder heim tho Naza/ reth in Ga/ lileam/ Luca 1.	De Söne Gades ma/ kede in dissen Dagen/ tho Capernaum einen Gichtbrüchtigen Min/ schen gesundt/ Math. 9. Marci 2. Luc. 5.	In dissem Ma w/ te is Christus in Galilea/ ein tydt lanck vmmeher getagen/ Math. 17. Marci 9. Luce 9.	1	19
			2	20
			3	21
		Vnde benewenst den Wunderwer/ cken/ hefft he si/ nen Jüngeen ock de Lehre van si/ nem Crütze vnde Lydende vörge/ holden/ Math. 17. Marci 9. Luce 9.	4	22
	Darna Predigede he am Meere/ Marci 2.		5	23
			6	24
	Vmme disse tydt hefft Christus in Mat/ thei Huse mit den Töl/ neren vnde Sünderen gegeten/ vnde de Twölffiarige Blodt/ süchtige Frouwe ge/ sundt gemaket/ Ock des Jairi Dochter vam Dode erwecket/ Math. 9. Marci 2. Luc. 5. 8.		7	25
			8	26
			9	27
			10	28
			11	29
			12	30
			13	1
			14	2
		Vmme disse tydt is Christus tho Capernaum geka/ men/ dar he den Tinßgroschen ge/ genen/ vnde ock eine sehr schöne Predige van vor/ geuinge der Sün/ den/ Math. 17. 18. Marci 9. Luce 9.	15	3
			16	4
	Darna toech he van dar/ vnde maket twe Blinden sehende/ vn/ de dreff einen Düuel vth/ Math. 9.		17	5
			18	6
			19	7
			20	8
			21	9
			22	10
			23	11
			24	12
	He wert öuerst in sinem Vaderlande vorachtet/ Marci 6. Math. 13.		25	13
			26	14
			27	15
			28	16
			29	17
			30	18
			31	19

(vertical text:) JEsus helt Gommelaer tho Jerusalem disse tyot auer.

ELVL. AVGVSTVS. Augstmán.

Gülden Tall.	Olde Cal.		Historien des Olden Testamentes.	Nye Cal.		Festdage der Christen.
XVI.	1	C		10	e	
	2	D		11	f	
	3	E	De Schrifftgelerde Esdras	12	g	Mar. Magd.
V.	4	F	kömpt den 1. Augusti / vth vorlöffer	13	a	
	5	G	nisse Artaxerxis Longimanni tho Je-	14	b	
	6	A	rusalem wedder an / mit dem Jodi-	15	c	Jacobus.
XIII.	7	B	schen Volcke / Unde wert van dem	16	d	Anna.
II.	8	C	gantzen menge / so vor 50. Jahren	17	e	
	9	D	mit Zorobabel unde Jesu ock den aff-	18	f	Pantaleon.
X.	10	E	getagen weren / herlick unde milb	19	g	
XVIII.	11	F	groter Fröwde entfangen / unde up-	20	a	
	12	G	genamen / Esdre 7. Anno Mundi	21	b	
VII.	13	A	3495. Ante Natum Christum /	1	c	AVGVST.
	14	B	468.	2	d	
XV.	15	C	Den 16. Hefft Haggai der Jö-	3	e	
	16	D	den Siszheit unde Ungelouen ge-	4	f	
IIII.	17	E	straffet / dat se nu etlike Jahre tho	5	g	Dominicus.
XII.	18	F	Jerusalem geseten / ere egene Häser	6	a	
	19	G	erstlick gebuwet unde angerichtet /	7	b	
I.	20	A	Querst tho dem Gebuwete des Tem-	8	c	
IX.	21	B	pels / hadden se middeler tydt gahr	9	d	Laurentius.
XVII.	22	C	weinich gegeuen unde geholpen /	10	e	
VI.	23	D	Haggai 1. Anno Mundi 3490.	11	f	
	24	E	Den 26. Göth Ezechiel in ei-	12	g	
XIIII.	25	F	nem Gesichte de Affgöderye / so de	13	a	☉ in m.
	26	G	auerige Jöden tho Jerusalem im	14	b	
III.	27	A	Huse des HEREN / unde in eren	15	c	Mariæ Hem.
	28	B	egenen Häsern hedden gedreuen	16	d	
XI.	29	C	Ezech. 8.	17	e	
XIX.	30	D		18	f	Agapitus.
	31	E		19	g	

Hefft

JEſu Leuendes Hiſtoria.

1.	31	32.	33.		

Chriſtus is noch nicht van der Jnncſrowwen Marien geboren.

JEſus vorholt ſick diſſe Mänte noch tho Jeruſalem.

32.

Alſe JEſus merckede, dat he in ſinem Vaderlande / tho Nazareth keyne Frucht ſchaffen konde / ginck he van dar / vnde Predigede in den vmmeliggenden Flecken I Stede vnde Merckede / Marci 6.

In diſſem Mänte was de ander Arnte by den Jöden.

Chriſtus reyſet vp na Jeruſalem thom Loff Hütten Feſte. Vnde alſe he ſach wo duel dat Arme Volck vorſorget was / vnde gingen alſe Schape de nenen Herden hadden / Sprack he / de Ernte is groth / duerſt weinich ſint de Arbeider I vnde ſende darup ſine 12. Jünger in de Geiſtlike Arnte. Math. 9. 10. Marci 6. Lucæ 9.

33.

JEſus hadde by ſick beſchlaten / henup na Jeruſalem tho Reyſen / duerſt de Samariter wolden eme nicht Herbergen / darüm, me he den tho rügge in Galileam is geweken / vnde darſulueſt in de twe Maente gebleuen. Vnde middelerwyle by ſick beſchlaten / dat hillige Landt noch ein mael tho guder leſte tho beſöken / Lucæ 9.

Vnde effte ſick in diſſen Dagen wol etlike geſunden / ſo dem HEren Chriſto na tho volgen ſick erbaden / ſo hebben ſe gelik ewol doch ere egene Geſcheffte vthrichten willen/ Lucæ 9.

In der Jödeſchen Arnpte / hefft ock Chriſtus ſine 70. Jünger vthgeſendt / in de Geiſtliken Arnte / thom Ryke Gades/ Lucæ 10.

1	20
2	21
3	22
4	23
5	24
6	25
7	26
8	27
9	28
10	29
11	30
12	31
13	1
14	2
15	3
16	4
17	5
18	6
19	7
20	8
21	9
22	10
23	11
24	12
25	13
26	14
27	15
28	16
29	17
30	18
31	19

Gülden Tall.	Olde Cal.		Historien des Olden Testamentes.	Nye Cal.		Festdage der Christen.
VIII.	1	F	Den 4. Septembris jo Moses	10	a	Bernhardus,
	2	G	jo ver einem haluen Jare gestoruen	11	b	Augustus.
XVI.	3	A	opt nye vam Volcke bewohnet wor-	12	c	
V.	4	B	den. Darhee men vp dissen dach Mo-	13	d	
XIII.	5	C	sis gedechtnisse gelecht hefft / Anno	14	e	Bartholomeus
	6	D	Mundi 2494. Deut. 34.	15	f	
II.	7	E	Den 10. Septembris / Ehr de	16	g	
X.	8	F	Jöden / na deme se vth der Babylo	17	a	
	9	G	nischen Gefenckenisse wedder tho Je-	18	b	
XVIII.	10	A	rusalem anquemen / den Tempel an-	19	c	Johan. Enthö.
VII.	11	B	fangen tho Buwen / Maken Josua	30	d	
	12	C	vnde Serubabel ein Altar / dar mit	31	e	
XV.	13	D	se dennoch in dissen Offeren vnde den	1	f	SEPEMB.
IIII.	14	E	Gadesdenst holden konden / Dewyle	2	g	
XII.	15	F	dat ander Gebuwete des Tempels /	3	a	
	16	G	nicht so geschwinde / in der yle moch-	4	b	
I.	17	A	te ferdich werden / Esdre 3. Anno	5	c	
IX.	18	B	Mundi 3447.	6	d	
	19	C	Den 26. Hefft de vordreplike	7	e	
XVII.	20	D	Doctor Esdra wedder angefangen /	8	f	Mari. Gebort.
	21	E	mit besunderigem Juer vnde Gra-	9	g	
VI.	22	F	uitet / dem Volcke dat Gesette des	10	a	
	23	G	HEren / vörholden vnde tho erkle-	11	b	
XIIII.	24	A	cen / welckes se in langer tydt her ni-	12	c	
			cht gehöret hadden / Nehem. 8. An-			
III.	25	B	no Mundi 3508.	13	d	☉ in ♎
	26	C	Den 28. Erwörgeden de Am-	14	e	
XI.	27	D	moniter der Jöden Höuetman Go-	15	f	
XIX.	28	E	doliam / vnde wert ein Vprohr im	16	g	
			Jödischen Lande / Jerem. 41. An-			
	29	F	no Mundi 3375.	17	a	Lambertus.
VIII	30	G		18	b	

Hefft

JEsu Leuendes Historia.

1.	31. Jär Christi.	32. Jar Christi.	33. Jär Christi.		

Christus prediget tho Jerusalem dat angeneme Jahr des HEren / Jesaie 61.

Vnde Johannes prediget deßgelcken am Jordan,

Den 18. der Jö, den Passun Fest.

Den 27. Der Jö, den Vorsöne Fest.

De Apostel Christi gingen vth / vnd de predigeden dat Euangelium / dreuen Düuele vth im Namen JEsu / vnd de Salueden vele krancken mit Olye / vnde makeden se ge, sundt an allen Enden / Marci 6.

Den 15. Septemb. Is de Dach daran de Jöden ere Vorsöne Fest gehat / in dissem Jahre Christi.

Den 20. Is de Erste Dach der Loff Hütten Fest geholden worden.

In dissem Mänte is vnse leue HEre JEsus Christus in Galilea vmmeher gereyset. Queist sine 70. Jünger, syn by paren torch dat gantze hillige Landt in Judea vnde Galilea / vmmeher gegangen / vnde flytich Christum geprediget / deden vele Tecken vnde Wunderwer, cke / dat enen ock de Düuele müsten vnderdanich syn / im Namen JEsu, Luce 10.

1	20
2	21
3	22
4	23
5	24
6	25
7	26
8	27
9	28
0	29
1	30
2	31
3	1
4	2
5	3
6	4
7	5
8	6
9	7
0	8
1	9
2	0
3	11
4	12
5	13
6	14
7	15
8	16
9	17
30	18

CHristus adhuc requiescit in vtero virginis Mariæ.

D.

MARTE.

MARTESVAN. OCTOBER. Sötmån.

Gülden Tall.	Olde Cal.	Historien des Olden Testamentes.	Nye Cal.	Festdage der Christen.
	1 A	Den 1. Octobris/ hebben de Jö/	9 e	September.
XVI.	2 B	den na Gades beuehl geholden dat	10 d	
V.	3 C	Fest der Basunen/ Memoria Clar	11 e	Mattheus.
	4 D	goris genanot / Levit. 23.	12 f	Mauritius.
XIII.	5 E	Den 10. Hebben de Jöden erwör	13 g	
II.	6 F	get den truwen Prediger Zachariam	14 a	
X.	7 G	deffen Christus im Euangelio geden	15 b	
	8 A	cket / bewyle he enen styff vnde hart	16 c	
XVIII.	9 B	syn Dort is redelick gewraken/ dat vp	17 d	
	10 C	einer Vrisen syn erwörget 111000.	18 e	
VII.	11 D	Jöden/ vnde in der Stadt Jerusalem	19 f	Michael Ertz.
	12 E	94000. dat dat Blodt van der er	20 g	
XV.	13 F	wörgeden quam / beth tho dem Blo	1 a	OCTOBER.
IIII.	14 G	de Zacharix / 2. Paral. 24.	2 b	
XII.	15 A	Den 15. Hebben de Jöden na	3 c	
	16 B	dem Babylonischen Gefenckenisse/	4 d	Franciscus.
I.	17 C	dat Fest der Loffhütten 7. gantze	5 e	
	18 D	Dage geholden / Nehem. 8. Anno	6 f	
IX.	19 E	Mundi 3408.	7 g	
	20 F	Den 19. Octobris/ De Jöden	8 a	
XVII.	21 G	kamen na der Babylonischen Gefen/	9 b	Dionisius.
VI.	22 A	niffe tho Jerusalem thosamen / fa	10 c	
XIIII.	23 B	sten/ Bichten vnde Beden/ dat Godt	11 d	
	24 C	de Sünde vorgeuen / vnde nicht na	12 e	
III.	25 D	ordenste straffen wolde / dat se Hey/	13 f	☉ in m̄.
	26 E	densche Wyuer affreden / vnde	14 g	
XI.	27 F	mit den Kindern vorstöten scholden	15 a	
XIX.	28 G	dyn schal de Bothe rechtscrepen syn/	16 b	Gallus Abt.
		moth men de Sünde nicht allene be		
VIII.	29 A	kennen/ funder ock darvan afflaten/	17 c	
	30 B	Efdre 9. Anno Mundi 3508.	18 d	Lucas Euang.
XVI.	31 C		19 e	

Hefft

JEsu Leuendes Historia.

1. 31. Jar Christi.	32. Jar Christi.	33. Jar Christi.		

Am andern Dage Octobris / is de Ee= ste Dach des Leff= hütten Festes gehol= den / dar den Chri= stus vele Teken ge= dahn / in der Gali= leer iegenwardich= eit / De ock vp dath Fest weren geka= men / Johan. 4.

Na vullendinge des Festes / is JE= sus vth der Stadt Jerusalem in dat Jödische Landt ge= kamen / vnde hefft darsuluest gepredi= get / vnde sine Jün= ger hebben gedöfft/ Johan. 3. 4.

De HERR Christus vorhelt sick noch tho Je= rusalem / vnde lehret in eren Scholen.

JEsus wandert henaff in dat Jö= dische Landt am Jordan,

Vinnie disse tydt is Christus heim= lick vnde vorbor= gen / na Jerusalem thom Leff Hütten Feste getagen / Jo= han. 7.

Wodden im Loff Hütten Feste / so vp den 9. Octob. ge= holden / hefft Chri= stus Jerusalem hefftichlick gepre= diget / Johan. 7.

Na dem Loff= Hütten Feste so sick geendiget den 16. Octob. hefft Chri= stus hefftich gepre= diget tho Jerusa= lem / dar he denne gebleuen / beth an de Kerckwyhe / so tho midden Winter geholden wert / Johan. 10. i. Machab. 4.

1	5
2	0
3	1
4	2
5	3
6	4
7	5
8	6
9	7
0	8
1	9
2	30
3	1
4	2
5	3
6	4
7	5
8	6
9	7
20	8
1	9
2	10
3	11
4	12
5	13
6	14
7	15
8	16
9	17
30	8
1	19

D ij CISLEV

CISLEV. NOVEMBER. Slachtmån.

Gülden Tall.	Olde Cal.	Historien des Olden Testamentes.	Nye Cal.	Festdage der Christen.
	1 D		10 f	Felicianus,
V.	2 E		11 g	Ursula.
XIII.	3 F	Den 5. Novembris / Jeroboam	12 a	
	4 G	wert ein Affgödischer vnde richtet 2.	13 b	
		Güldene Keluer vp / dat eine tho		
II.	5 A	Bethel / dat ander tho Dan. Darmit	14 c	
X.	6 B	dat Volck vth den 10. Stammen / so	15 d	
	7 C	mit eine van Roboam Röninck Sa-	16 e	
XVII.	8 D	lomons Söne affgefallen / vnde ein	17 f	
	9 E	sunderlick Ryke tho Samaria ange-	28 g	Simon Iud.
	10 F	gerichtet / nicht Jahrlick vp de Feste	29 a	
XV.	11 G	ore mål na Jerusalem gahn dörffte.	30 b	
	11 A	Vnde tho Wyhunge der Nyen	31 c	
IIII.	13 B	Tempel / heldt dar vp Jeroboam	1 d	NOVEMB.
XII.	14 C	ein heulick Offer / vnde bewohl / dat	2 e	Aller Seelen.
I.	15 D	disse Vöffte Dach Jahrlick mit einem	3 f	
	16 E	herlicken Feste / van sinen Vnderda-	4 g	
IX.	17 F	nen scholde begangen werden.	5 a	
	18 G	Querst he hefft darmit nicht al-	6 b	
XVII.	19 A	lene Orsake gegeuen tho velens / vn-	7 c	
VI.	20 B	tellicker Affgöderye / sunder ock tho	8 d	
		aller Handt schrecklicken jammer vn-		
XIIII.	21 C	de vngelegenheit. Wo den ock im	9 e	
	22 D	Pawestdohm wegen der velen Ma-	10 f	
III.	23 E	rien vnde Hilligen Festa / geticket ma-	11 g	Martinus Bis.
	24 F	ten geschehen. Hyr van liß 3. Reg.	12 a	☉ in ♐
XI.	25 G	12. Anno Mundi 2971.	13 b	
XIX.	26 A		14 c	
VIII.	27 B		15 d	Leopoldus.
	28 C		16 e	
XVI.	29 D		17 f	
V.	30 E		18 g	

Hefft

JEsu Levendes Historia.

1.	31. Jär Christi.	32. Jär Christi.	33. Jär Christi.		Jär.

In dissem Mån¬
te hefft Johannes
Dôper na by Sa¬
lem tho Bhenon/
gelehret vnde ge¬
dôfft/ vnde vam
HEren Christo
herliken getüget/
Johan. 3.

Disse Månte rey¬
set noch de HEre
Christus vmmeher
im Jôdeschen Lan¬
de / prediget/ Leret
deith vele Teken vn¬
de Wunderdath/ de
nicht sint vpgeschre¬
uen / Nademe de
Jünger Christi ni¬
cht by eine weren/
sunder an anderen
Orden tho predi¬
gen uthgesandt we¬
ren / vnde de daden
des HEren nicht
Ogenschynliken an¬
gesehen/ Math. 11.
Lucæ 6.
Marci 9.

Den 28. Novem¬
bris hefft men tho
Jerusalem Kerck¬
wyhunge geholden.
1. Machab. 4.

In dissem Mån¬
te hefft Jesus dage¬
lick im Tempel tho
Jerusalem geleret/
vnde des Nachtes
am Olyeberge ge¬
couwet / Johan.
8.

De Phariseer er¬
grepen ein Wyff im
Ehebrock / vnde
dem HEren Chri¬
sto se tho vordô¬
mende / vorge¬
bracht / Johan. 8.

Vnde do de HE¬
re Christus den
Phariseern dapper
in de Wulle grep/
Sprack se weren
nicht Abrahams/
sunder Düuels Kin¬
der / wolden se ene
gesteiniget hebben/
Johan. 8.

	Jär.
1	20
2	21
3	22
4	23
5	24
6	25
7	26
8	27
9	28
10	29
11	30
12	31
13	1
14	2
15	3
16	4
17	5
18	6
19	7
20	8
21	9
22	10
23	11
24	12
25	13
26	14
27	15
28	16
29	17
30	18

(left margin, vertical:) Maria geiht groff Schwanger mit dem Sône des Leuendigen Gades.

Gülden Tall	Olde Cal.	Hiſtorien des Olden Teſtamentes.	Nye Cal.	Feſtdage der Chriſten.
	1 F		19 a	Eliſabetha.
XIII.	2 G	Den 5. Decembris / leth Antio	20 b	
11.	3 A	chus Epiphanes Röninck in Syria	21 c	Mariæ apen.
	4 B	Nademe he thom andern male Je	22 d	
X.	5 C	ruſalem geplundert / dat Bilde Jo	23 e	
	6 D	uis Olimpij in den Tempel tho Je	24 f	
XVIII.	7 E	ruſalem ſetten / Vnde dwinget Ty	25 g	Catharina.
	8 F	rannyſcher wyſe de Jöden / dat ſului	26 a	
VII.	9 G	ge anthobeven / 1. Machab. 1.	27 b	
	10 A	Jm 3. Jahre darna / Hefft Ju	28 c	
XV.	11 B	das Maccabeus den Tempel wedder	29 d	
	12 C	amme gereiniget / Den 11. Decemb	30 e	Andreas.
IIII.	13 D	Anno Mundi 3799. 1. Machab. 4.	1 f	DECEMB.
XII.	14 E	Den 24. Js dat fundament des	2 g	
I.	15 F	anderen Tempels tho Jeruſalem ge	3 a	
	16 G	lecht worden / Haggai 2.	4 b	Barbara.
IX.	17 A	Den 25. Hefft Noha in der Ar	5 c	
XVII.	18 B	ca wedderümme geſehen / de ſpitzen	6 d	Nicolaus.
	19 C	der nedderigen Berge / Geneſis 8.	7 e	
VI.	20 D	Terentius.	8 f	Mariæ Entf.
XIII.	21 E	Nihil eſt iam dictum quod non di-	9 g	
	22 F	ctum ſit prius.	10 a	
III.	23 G		11 b	
	24 A	ERGO.	12 c	⊙ in ♐.
XI.	25 B	His ego ronchiſonum multo can-	13 b	Lucia.
XIX.	26 C	dore piorum ,	14 c	
	27 D	Præſide nil metuo , Rinocerota	15 f	
VIII.	28 E	Vale.	16 a	
XVI.	29 F		17 a	Adelheid.
V.	30 G		18 b	
	31 A		19 c	

Hefft

JEsu Leuendes Historia.

1. Jar Christi.	31. Jar Christi.	32.	33. Jar Christi.	
Keyser Augustus/ beuehlet de gantze Werlt tho Schatten/ Lucæ 2. Disse Schattinge was de aller Erste / Dat s. Jahr darna ock de Jöden Geschattet worden/ Joseph. lib, 18. Cap. 1.	Jn disser Cangen wert Johannes gefangen/ midler wyle richten de Pharisær eine vorfolginge wedder Christum an Math. 14. 4. Mat. 1. 6. Luc.r 3. 4. Johan. 4.	Christus in sine Jünger affwesen/ De/ dett Teken vnde Wunderwerck/ Math. 11. Mat. 6. Lucæ 9.	Disse Man is Christus tho Jerusalem geblewen/ Johan. 10. Den 13. Hefft Christus einen gebarenen Blinden sehende gemaket / Johan. 9.	1 19 2 20 3 21 4 22 5 23 6 24 7 25 8 26 9 27 10 28
	Alse Christus dat vornam/ reyside he midden dorch Samaria vnde Galilea/ vnde helt Gesprecke mit einem Wyue tho Sichar / by dem Brunnen/ Johan. 4.		Den 16. Was tho Jerusalem Keerdmisse / do wolden de Jöden Christum auer mahl steinigen/ Johan. 10.	11 29 12 30 13 1 14 2 15 3 16 4 17 5 18 6
De Söne Gades vnse Herre vnde Heylandt is vp disse Werlt gebaren worden/ twischen einem Dönnerdage vnde de Frydage tho Middernacht/ den 25. Decemb. Lucæ 2.	Vnde alse he in Galileam quam/ neimen eue de Galileer an/ den se hadden geseehn wat he tho Jerusalem im Loffhütten Feste gedahn hadde/ Johan 4. Vnde he halp vam Feber des Köninges Söne.		Christus reyset by Jericho/ vnde de 70. Jün/ ger kamen wed/ der tho eme / do vortelle he eine Geliekenisse van deme de twischen Jerusalem vnde Jericho vnder de Mörder fell. Darna reyset he vp jensidt des Jordans, Luc, 10. Johan, 10.	19 7 20 8 21 9 22 10 23 11 24 12 25 13 26 14 27 15 28 16 29 17 30 18 31 19